大展好書　好書大展
品嘗好書　冠群可期

大展好書　好書大展
品嘗好書　冠群可期

輕鬆學武術 5

四十二式太極劍

（附 VCD）

王　飛　編著

大展出版社有限公司

天人合一
与时俱进

为晨练丛书题

蔡龙云

作 者 簡 介

　　王飛，男，1969年2月生。武漢體育學院武術系講師。自幼隨父母學習形意拳、八卦、太極拳，多次獲得湖北省武術比賽個人全能冠軍。1986～1990年就讀於武漢體育學院運動系，代表武漢體育學院參加全國武術錦標賽並獲得一類拳術第四名的優秀成績。1991～1995在武漢市江漢大學工作，多次帶隊參加省高校武術比賽，並獲得金、銀、銅共計30多枚獎牌的優秀成績。1995年調入武漢體育學院武術系工作，組建太極拳隊參加1997～1999年的全國太極拳錦標賽，共獲得金牌5枚、銀牌3枚、銅牌10枚。2000年9月赴緬甸國家武術隊執教，所帶太極拳選手獲得2000年亞洲武術錦標賽太極拳亞軍。

聞雞起舞是中國人晨練的寫照，直到今天，迎著初升的朝陽，沐浴著陣陣晨風翩翩起舞仍是中國人最常見的鍛鍊身體的方法。在晨練的人群中，習武者頗多，其中練太極拳和木蘭拳的人就不少，在許多地方早已是蔚然成風。

　　武術是中國傳統文化的一部分。傳統文化既有民族性又有時代性。葉朗先生說：「傳統是一個發展的範疇，它具有由過去出發，穿過現在並指向未來的變動性……傳統並不是凝定在民族歷史之初的那些東西，傳統是一個正在發展的可塑的東西，它就在我們面前，就在作爲過去延續的現在。」武術正是這樣不停地發展變化著。如二十四式簡化太極拳就是爲了滿足人們練習的需要，在原來太極拳的基礎上刪繁就簡創編的，一經出現就受到了廣大練習者的歡迎，至今流傳已近半個世紀，早已成了較爲「年輕的傳統武術套路」了。後來的四十二式太極拳更是由各式太極拳相互融合而成，開始僅作爲運動員的比賽套路，現在也成了人們晨練的內容之一。而木蘭拳是以傳統的武術爲母本生長出來的新枝，開出的新花，爲人們所接受，已是各地晨練不可或缺的內容。作爲中國傳統文化的武術就是這樣不斷地發展者，表出出了強大的生命力，即使它的某些新的東西一時爲一些人所不理

解、不接受，但它依然發展著。

　　爲滿足廣大練習者的需要，湖北科學技術出版社決定按照國家規定套路以太極拳和木蘭拳爲內容出一套「輕鬆學武術」叢書。介紹太極拳和木蘭拳的書籍已經很多，如何創新呢？後來考慮一般武術書中的「圖中人」都是面向讀者。由於動作的方向經常變化，練習者的動作方向時而和「圖中人」動作方向相同，時而又和「圖中人」的動作方向相反。對於還不十分熟悉武術動作的初學者來說，往往感到看圖學動作較爲困難，這實際上也是編寫武術圖解長期未能解決的一個難點。我們受到在教學實踐中教師常根據學生練習時身體方向的不同，不斷地變換領做位置的教法的啓發，想到用正反兩套圖來編寫這套書，也算是一個大膽的嘗試，即是本書特色所在，希望能爲廣大讀者所接受和習慣。

　　我國著名武術家蔡龍雲先生爲這套叢書寫了「天人合一，與時俱進」的題詞，一方面點明了人們在晨練時人與大自然融爲一體的情景和對中國傳統哲學「天人合一」觀念的追求，同時也反映了武術要常練常新，不斷發展的思想。在此謹向蔡先生表示深切的謝意。湖北科學技術出版社蔡榮春編審從選題到編寫方法，直到審定，付出了大量的心血，在此一併致謝。

　　本叢書太極拳部分由王飛先生執筆，動作示範劉沛、吳雪琴同學；木蘭拳部分由秦子來女士執筆並動作示範。

溫　力　於妙齋

簡　介

　　四十二式太極劍是中國武術院、中國武術協會於 1992 年創編的競賽套路。四十二式太極劍是以楊式太極劍爲原型，在保留楊式太極劍運動風格的同時也吸收了其它流派太極劍的內容。

　　全套四十二個動作，共分爲四段。四段分別爲：動作一至動作十一爲第一段；動作十二至動作二十一爲第二段；動作二十二至動作三十二爲第三段；動作三十三至動作四十二爲第四段。全套劍含有點、削、劈、攔、撩、刺等主要劍法，弓、馬、仆、虛、歇等步型以及多種平衡動作。在練習時，要求劍法舒緩、圓活自然、身劍協調、瀟灑飄逸。

　　1.本書是以「蝴蝶頁」的形式編排的，即左邊雙數頁碼和右邊單數頁碼成爲一個整體，翻開任何一頁，均應將左右相鄰兩頁的内容連在一起看。

　　2.每一頁都有上下兩組圖，上面圖像較大的一組爲主圖，下面圖像較小的一組爲副圖。兩組圖的圖中示範者的動作完全相同，唯方向相反。主圖的示範者爲背向練習者起勢；副圖的示範者則是面向練習者起勢。

　　3.因主副圖中示範者起勢的方向相反，運動的前進方向也相反；同時由於在演練的過程中動作行進的方向經常變化，主副圖中示範者的動作前進方向也都隨之變化，所以在主副圖下方向分別標注的動作前進方向箭頭，讀者在看圖時首先要看清動作前進方向，且要注意將「蝴蝶頁」相鄰兩面要連起來看。

　　4.我們將主圖中的示範者定爲背向讀者起勢，在一般情況下，示範者的動作前進方向和練習者一致，所以以看主圖爲主。當主圖中局部動作因圖中示範者的身體遮擋而看不見或看不清時，可以參看副圖。當練習時身體動作轉體180°時，練習者再看主圖中的示範者的動作很不方便，此時副圖示範者正好背對練習者，副圖中示範者的動作前進方向和練習者一致，在這種情況下以看副圖爲主，參看主圖。注意，從副圖

上看動作的前進方向與主圖的前進方向相反，這是因為身體動作轉體180°所致，對於練習者來說，動作前進方向是沒有改變的。當身體動作又轉體180°回到原來的方向時，則仍以看主圖為主。在不同的情況下分別看主圖和副圖，就好像是在練習者身體前後各有一個示範者，在開始時隨身前的示範者的動作進行練習，當動作轉體180°時就隨原來的身後的示範者的動作進行練習，這正是本叢書與其他武術圖解書最大的不同之處，為讀者提供了一個來自於教學實踐的新的看圖學動作的方法，讀者只需稍加熟悉就會習慣。

5.圖中示範者身體各部位的動作由相應部位為起點的箭頭指示，箭頭所示為由該姿勢到下一姿勢的動作路線，左手和左腳的動作用虛線箭頭表示；右手右腳的動作用實踐頭表示。有些圖中有簡單的文字提示細微動作的做法和動作要領，學習時以看圖為主，參看文字說明。

6.對照本叢書來觀摩其他練習者的演練也十分方便。當被觀摩者背對觀摩者起勢時，只需看主圖；當被觀摩者面對觀摩者起勢時，只需看副圖，這樣被觀摩者的前進方向及動作都和圖中人的前進方向和動作完全一致，不會因動作方向的改變而造成看圖的不便。

7.每頁圖上的「▐▐▐▐▶」為動作前進方向，也是看圖的順序，注意不是每一頁都是從左到右看，有的是從右到左看的。另外，上、下兩排主、副圖的方向正好相反，注意動作編號相同的才為同一動作。

目　錄

【一、起 勢】

手隨腰動，上下配合協調

 （1）　　　　　　　　　　（2）

心靜體鬆

（4）　　　　　　　　　　（3）

（3）

（4）

上體稍左轉，兩
臂向左斜前方平舉，
右手成劍指狀。

（2）

（1）

（5）

（6）

重心下沉，
身體右轉，重心
左移。

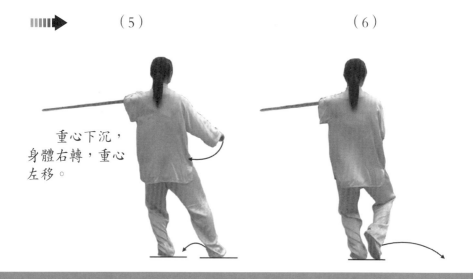

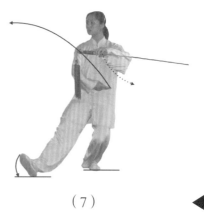

（8）

（7）

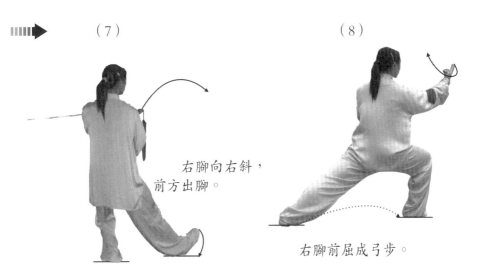

（7）　　　　　　　　　　　　　（8）

右腳向右斜，
前方出腳。

右腳前屈成弓步。

（6）　　　　　　　　　　　　　（5）

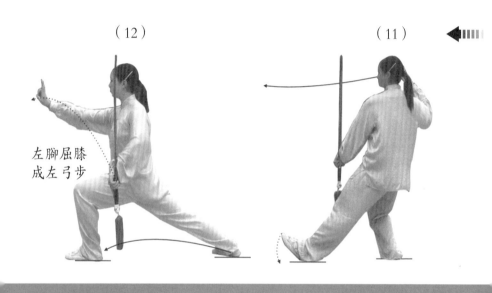

（12）　　　　　　　　　　（11）

左腳屈膝
成左弓步

（9）　　　　　　　　　　（10）

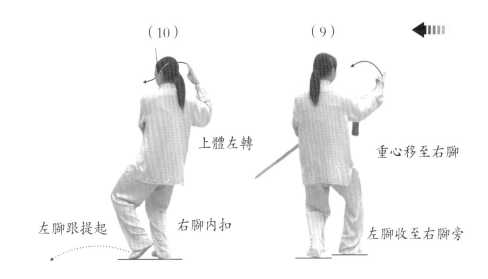

（10）　　　　　　　　　　（9）

上體左轉

重心移至右腳

左腳跟提起　　　右腳內扣

左腳收至右腳旁

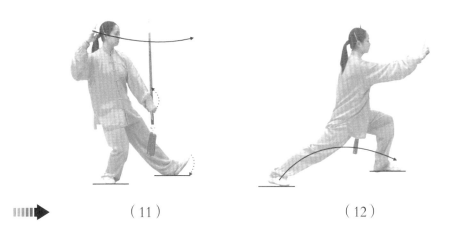

（11）　　　　　　　　　　（12）

（16）　　　　　　　　　　　　　　　（15）

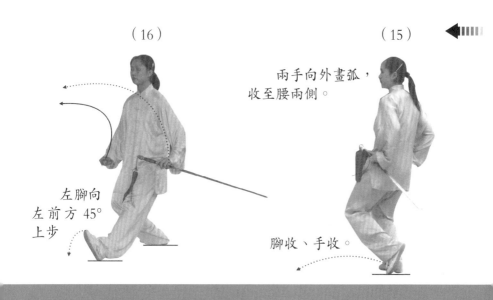

兩手向外畫弧，
收至腰兩側。

左腳向
左前方 45°
上步

腳收、手收。

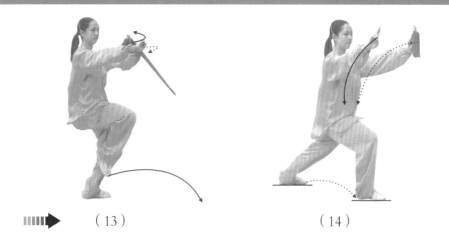

（13）　　　　　　　　　　　（14）

【二、併步點劍】

（14）　　　　　　　　　　　　　　（13）　◄▫▫▫

兩手與肩同寬

左手持劍，
經右手背上方前
穿。

重心前移
至左腳，隨即
右腳收起。

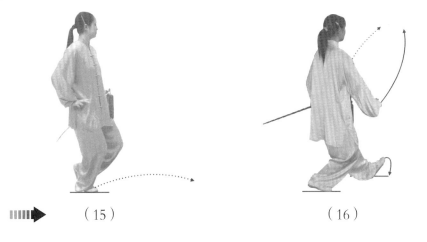

▫▫▫► （15）　　　　　　　　　　　　　（16）

（18）

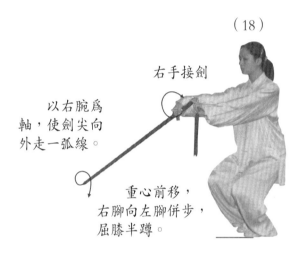

右手接劍

以右腕爲軸，使劍尖向外走一弧線。

重心前移，右腳向左腳併步，屈膝半蹲。

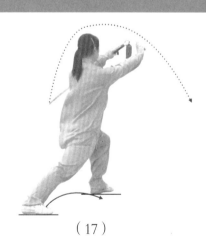

（17）

（17）

左手握劍

（18）

【三、弓步削劍】

（19）

右手握劍、沉腕，
手心向上，左手劍指，
附於右前臂內側。

重心移至左腳

右腳跟提起

（20）

（20）

右腳向右後方退步

（19）

（21）

隨上體右轉，
重心右移，右腳尖
外展。

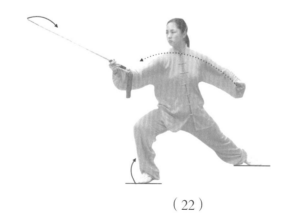

（22）

（22）

力達劍前端

左腳尖內扣

（21）

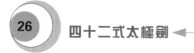

【四、提膝劈劍】

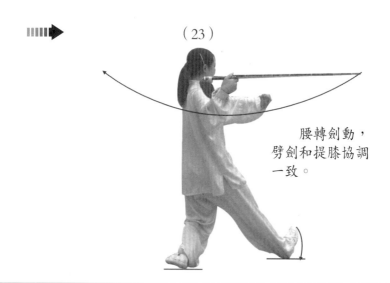

（23）

腰轉劍動，
劈劍和提膝協調
一致。

（25）　　　　　　　（24）

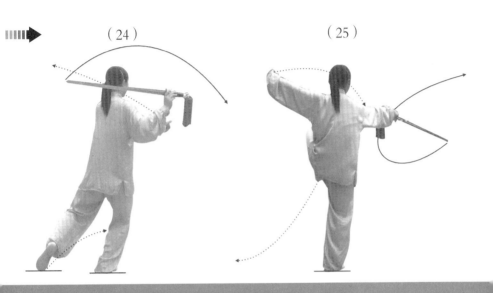

（24） （25）

（23）

（27）

步到劍到

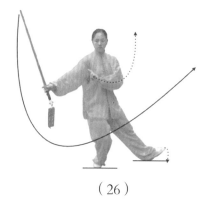

（26）

【五、弓步攔劍】

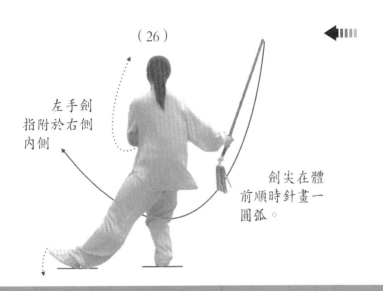

（26）

左手劍指附於右側內側

劍尖在體前順時針畫一圓弧。

（27）

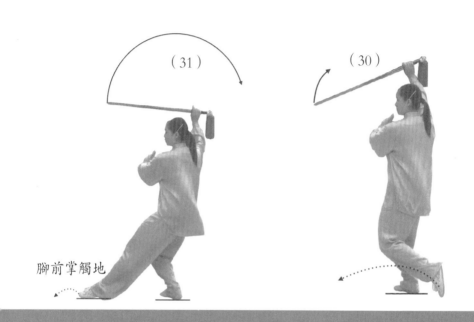

（31）　（30）

腳前掌觸地

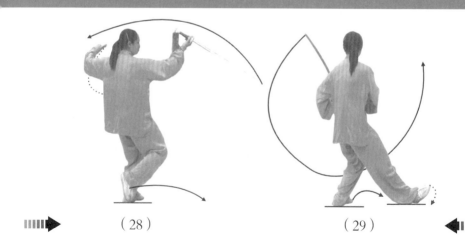

（28）　（29）

【六、左虛步撩劍】

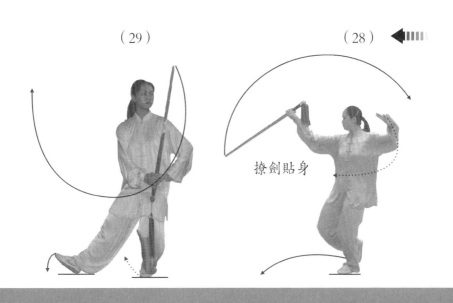

（29）　　　　　　　（28）

撩劍貼身

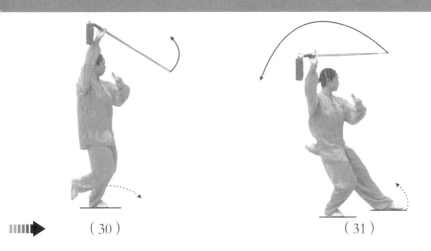

（30）　　　　　　　（31）

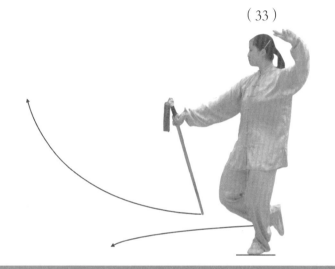

（33）

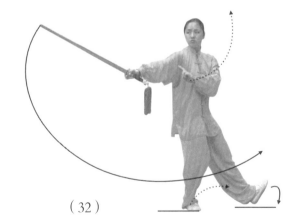

（32）

【七、右弓步撩劍】

劍走立圓, 力達劍刃前端

（32）

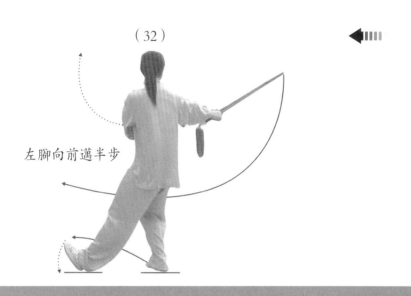

左腳向前邁半步

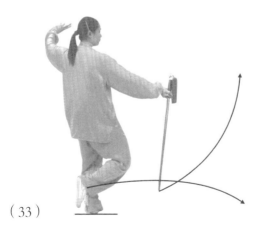

（33）

【八、提膝捧劍】

捧劍與提膝協調一致

(36)　　　　　　　　　(35)

右手握劍隨轉體將劍向右帶至右胯旁，手心向下。

左腳掌觸地

右手握劍，劍柄領先，隨轉體向左平帶，手心向上。

重心後移，上體略左轉。

右腳後退一步

(34)

（34）

（35）

（36）

【九、蹬腳前刺】

（39）

刺劍蹬腿協調一致

上身中正

（37）　　　　（38）

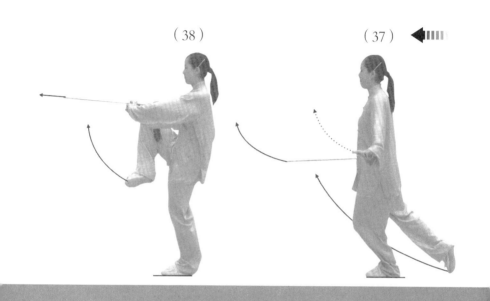

(38)　　　　　　　　(37)

(39)

（42）

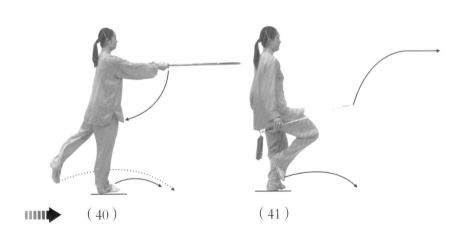

（40）　　　　　（41）

【十、跳步平刺】

換步輕柔，進步平刺

（41）　　　　　　　　　　　　（40）

右手握劍，
手心向下。

右腳蹬地，
左腳向前落步，
隨即右腳收至左
腳內側。

（42）

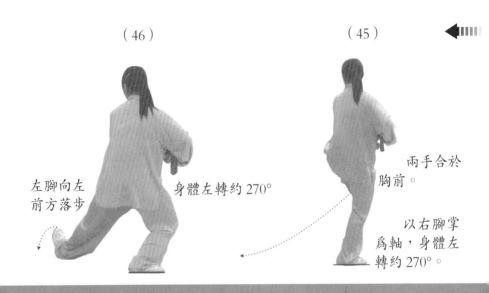

（46）　　　　　　　　　　（45）

身體左轉約 270°

左腳向左
前方落步

兩手合於
胸前。

以右腳掌
爲軸，身體左
轉約 270°。

（43）　　　　　　　　　　（44）

【十一、轉身下刺】

轉身時重心平穩，身型自然

（44）

右手握劍
繼續向後帶劍

身體繼
續右轉

左腳尖
內扣

（43）

右手握
劍向右、向
後平帶。

重心回
坐，身體右
轉。

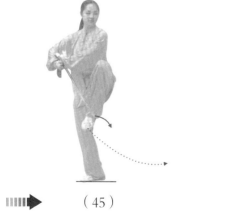

【十二、弓步平斬】

節節帶動，貫穿，力達劍刃

（49）　　　　　　　　　　　　　　（48）

左手劍指附於右前臂上。

重心移至左腳，右腳收提於左腳內側（腳不觸地）。

重心前移

（47）

（47）

右手握劍，
向左前下平刺，
手心向上。

（48）　　　　　　　　　　　（49）

（51）

左手向左分展側舉，
略低於胸，手心朝左。

右手握劍，
向右平斬。

身體右轉約 90°

（50）

（50）

右腳向右後方撤步，
隨後腳尖外展。

（51）

【十三、弓步崩劍】

發力沉穩，力達劍刃前端

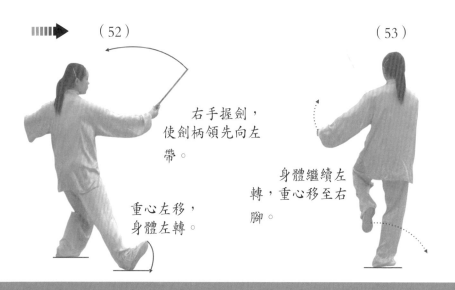

（52）　　　　　　　　　　　　　　　（53）

右手握劍，
使劍柄領先向左
帶。

身體繼續左
轉，重心移至右
腳。

重心左移，
身體左轉。

（55）　　　　　　　　　　　　　　　（54）

（54）　　　　　　　　　　　　（55）

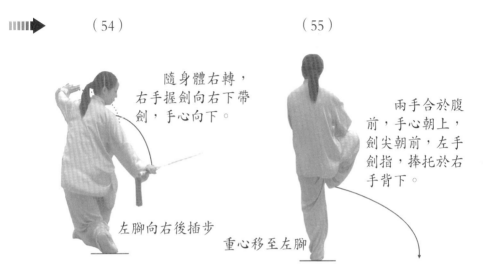

隨身體右轉，右手握劍向右下帶劍，手心向下。

左腳向右後插步

兩手合於腹前，手心朝上，劍尖朝前，左手劍指，捧托於右手背下。

重心移至左腳

（53）

（52）

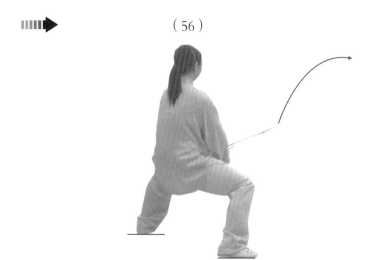

（56）

（57）

（57）

上體右轉，右手握劍右擺崩劍。

左手劍指，停於胯旁，手心向下。

【十四、歇步壓劍】

（58）

右手握劍向回帶

重心移到左腳

（59）

右腳向左後方插步

（60）

（60）

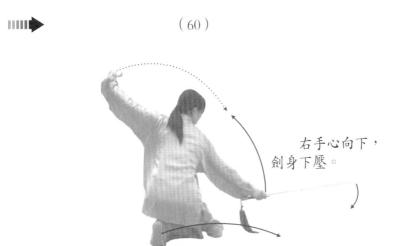

右手心向下，
劍身下壓。

（59）　（58）

【十五、進步絞劍】

劍圓步活，一步一絞

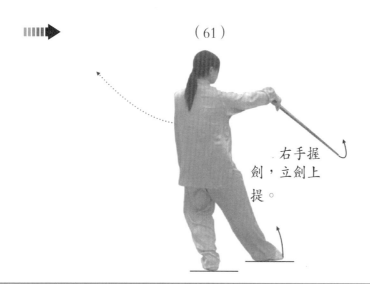

（61）

右手握劍，立劍上提。

（62）

（62）

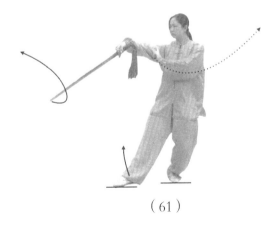

（61）

（63）

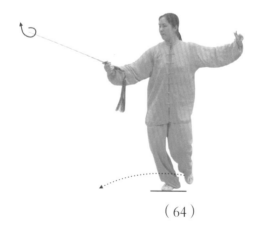

（64）

（64）

右手握劍，使
劍尖逆時針畫一小
弧。

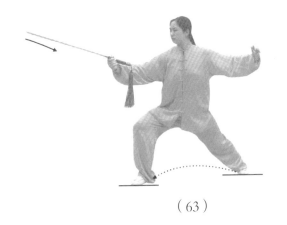

（63）

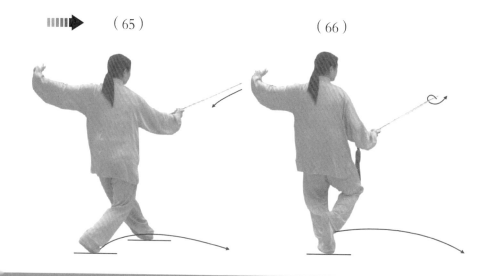

（65） （66）

（67）

(67)

(66)

(65)

【十六、提膝上刺】

虛步與截劍配合協調

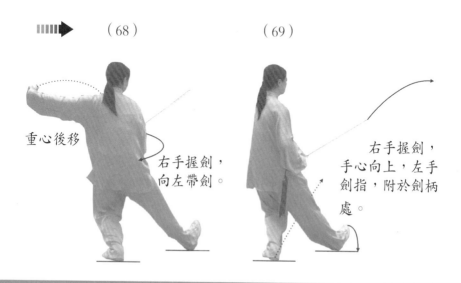

（68）　　　　　　（69）

重心後移

右手握劍，
向左帶劍。

右手握劍，
手心向上，左手
劍指，附於劍柄
處。

（71）

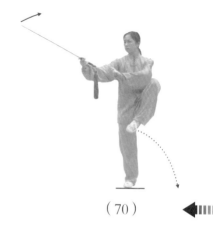

（70）

【十七、虛步下截】

身動劍隨，力達劍刃前端

（70）

左手劍指附於右前臂內側。

（71）

隨落步身體稍左轉，右手握劍向左上方帶劍，手心向內。

左腳向左落步

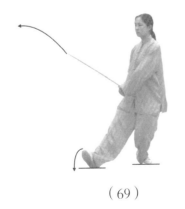

（69）

（68）

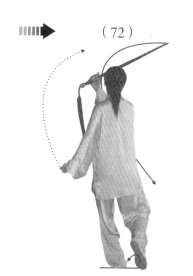

（72）

（73）

上體右轉，右手握劍隨轉體向右下方截劍。

（75）

（74）

【十八、右左平帶】

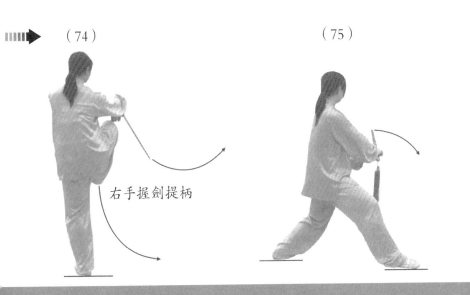

（74）（75）

右手握劍提柄

（73）

（72）

（76）　　　　　　　　　（77）

右手握劍，手心向下、向右平帶。

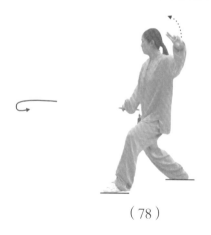

（78）

(78)

(77)　　　(76)

【十九、弓步劈劍】

（79）　　　　（80）

右手握劍，
手心朝上，向左
平帶。

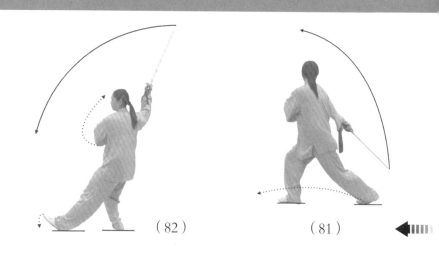

（82）　　　　（81）

（81）　　　　　　　　　　（82）

隨右腳上步，重心前移；右手握劍內旋，向右後方下截，左手劍指附於右肩處。

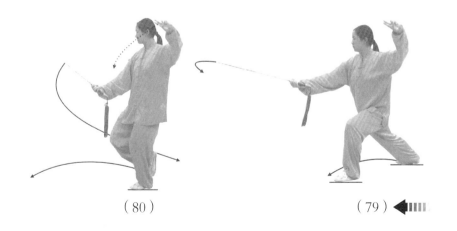

（80）　　　　　　　　　（79）

（83）

右手握劍，向前劈劍，劍尖略高於腕。

（84）

【二十、丁步托劍】

（84）

右手握劍向右後方截劍，手心向下。

重心前移，右腿提膝。

（83）

（85）　　　　　　　　　（86）

右手握劍向前，屈肘向上托劍，劍尖朝右。

左手附於右腕內側，手心朝前。

右腳向前落步

（88）　　　　　　　　　（87）

【二十一、分腳後點】

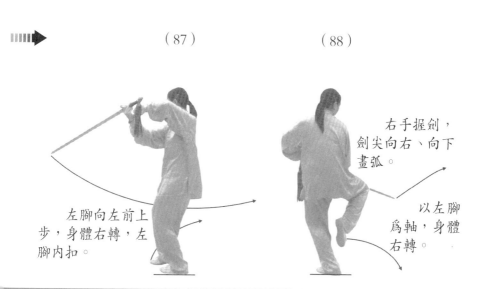

左腳向左前上步，身體右轉，左腳內扣。

右手握劍，劍尖向右、向下畫弧。

以左腳為軸，身體右轉。

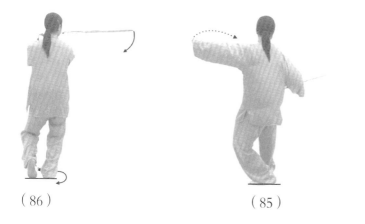

（86）　　　　　　　（85）

▐▌▐▌▶

（89）

（90）

力達劍前端

撩劍貼身，
劍走立圓。

右手握劍，
劍柄領先向上、
向左畫弧帶劍至
右胯旁。

（92）

（91）

◄▐▌▐▌

（91）

（92）

力達劍身上刃

左手劍指，
手心向前。

（90）

（89）

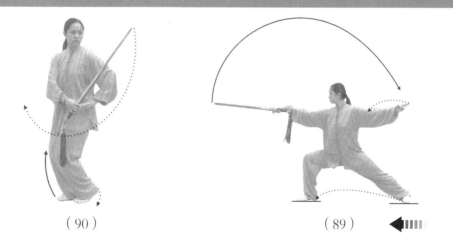

（94）

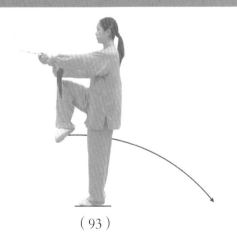

（93）

【二十二、仆步穿劍】

（93）

右手握劍成弧形向
體前擺舉,手心向上;
左手劍指附於右臂內
側,手心朝下。

（94）

（96）

身體繼續右移，
右手握劍，使劍尖向
右側畫弧，同時左腳
尖內扣。

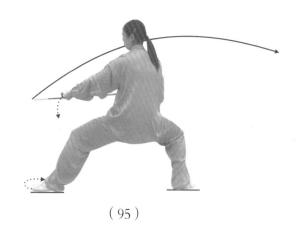

（95）

（95）

隨身體左轉，
左手向後帶劍。

左腳尖外擺

（96）

（98）

左腳屈膝下蹲成仆步

腳穩身正

（97）

（97）

右手握劍，劍柄領先回帶，向左抽帶；左手劍指，附於右手腕內側。

重心右移

（98）

【二十三、蹬腳架劍】

架劍蹬腿，諧調配合

（101）　　　　　　　（100）

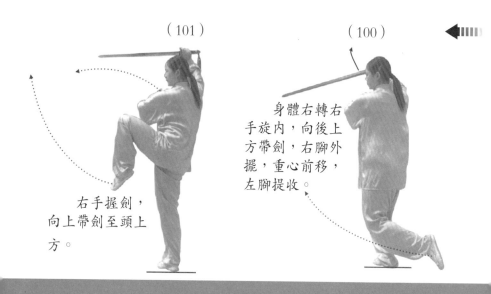

身體右轉右
手旋內，向後上
方帶劍，右腳外
擺，重心前移，
左腳提收。

右手握劍，
向上帶劍至頭上
方。

（99）

(99)

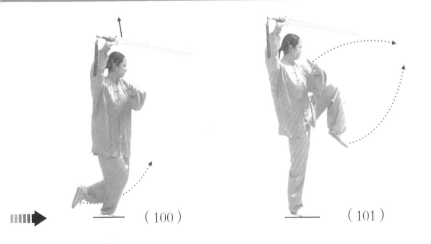

(100)

(101)

【二十五、仆步橫掃】

劍隨腰動，身正自然

（104）

左手劍指屈肘內旋，經左肋前向後反插至左腿外側。

右腳全蹲，左腳落地成仆步。

（102）

（103）

【二十四、提膝點劍】

（103）　（102）

提膝、下點
劍，動作一致。

（104）

（106）

（105）

（105）

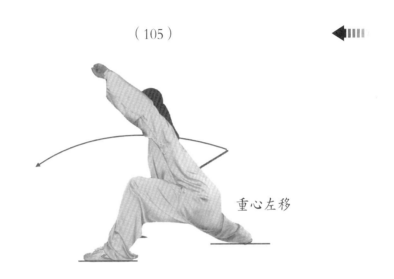

重心左移

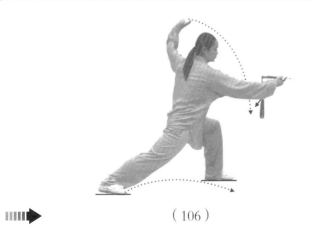

（106）

（110）　　　　　　　　　　（109）

右手握劍，
向下截劍，劍尖
斜向下。

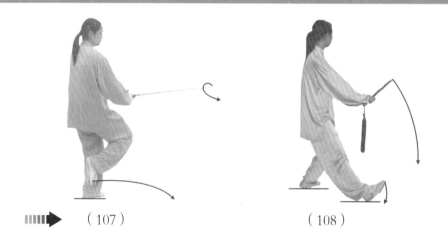

（107）　　　　　　　　　　（108）

【二十六、左右弓步下截】

以身帶劍，身隨步轉

（108）

（107）

右手握
劍，內旋畫
弧，手心向
下。

右腳向
右斜前方落
腳。

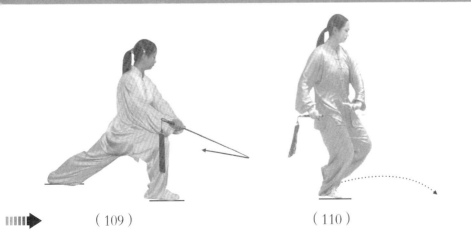

（109）

（110）

【二十七、弓步下刺】

（114）　　　　　　　　　　　　　（113）

右腳在左腳後側震腳

（111）　　　　　　　　（112）

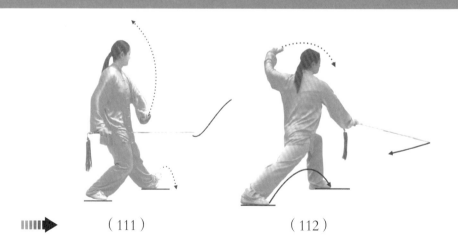

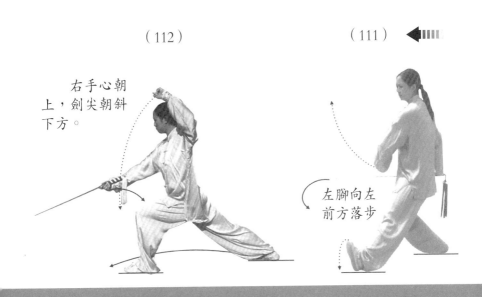

（112）

右手心朝上，劍尖朝斜下方。

（111）

左腳向左前方落步

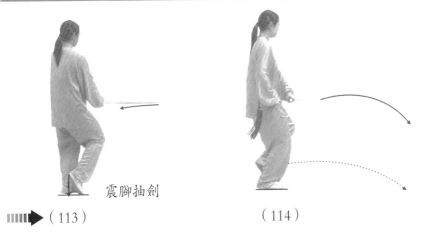

震腳抽劍

（113）

（114）

（118）　　　　　　　　　　　　　　　　　　（117）

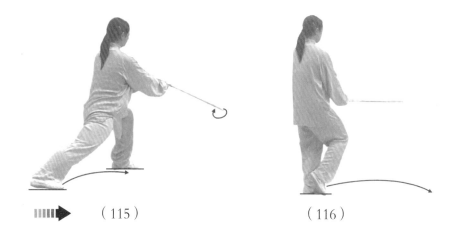

（115）　　　　　　　　　　　　　　（116）

【二十八、右左雲抹】

以身帶劍，身劍合一

（116）　　　　　　　　　　（115）

右手握劍沉腕，略向後帶，手心朝上。

刺劍發力，力注劍尖。

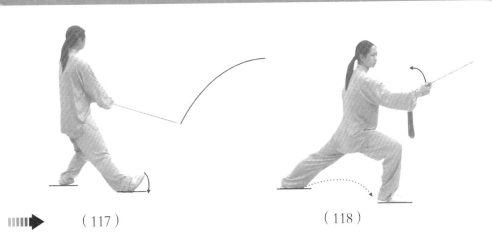

（117）　　　　　　　　　　（118）

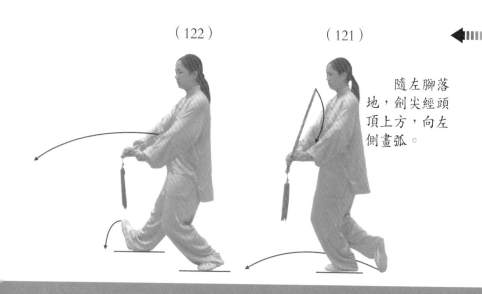

（122）　　　　　（121）

隨左腳落
地，劍尖經頭
頂上方，向左
側畫弧。

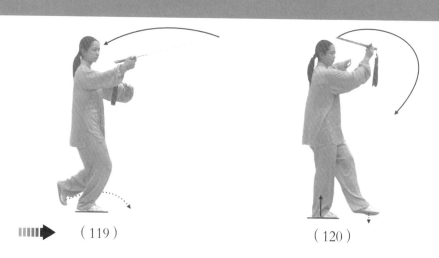

（119）　　　　　　　（120）

（119）

（120）

劍尖向右側畫弧，右腳在左腳即將落地時蹬地。

（121）

（122）

（125）　　　　　　　　　　（124）

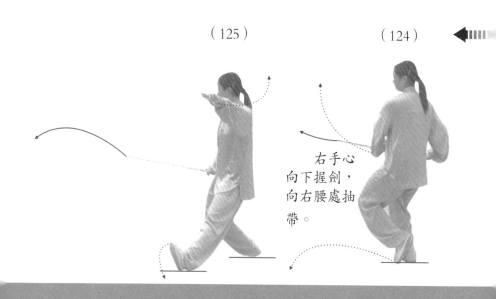

右手心
向下握劍，
向右腰處抽
帶。

（123）

（123）

右腿前屈成右弓步，右手握劍向右抹劍。

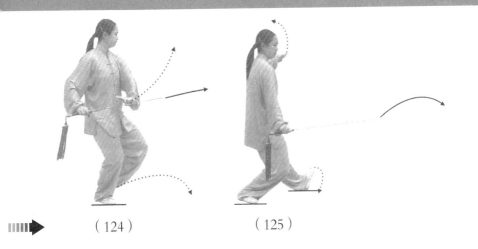

（124）　　　　　　（125）

（129）

（128）

隨左腳落地，右手握劍，向左側畫弧平抹，手心向上。

右手握劍，使劍尖經頭頂上方，向左、向後、向右前方畫弧。

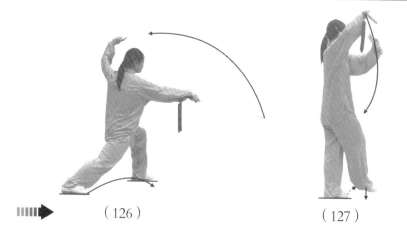

（126）

（127）

（127） （126）

左腳在右腳即
將落地時蹬地。

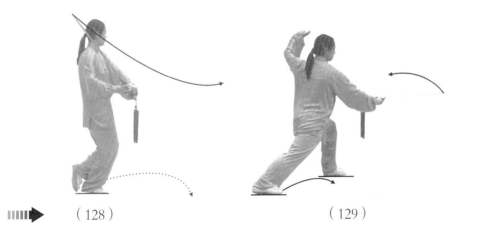

（128） （129）

（132）

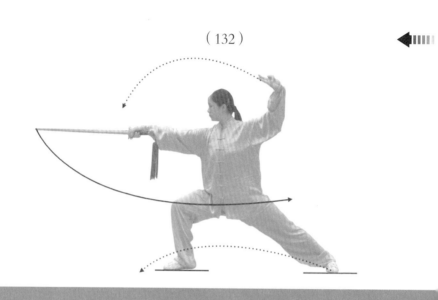

（130）

（131）

【二十九、右弓步劈劍】

劈劍力達劍刃前端，弓
步與劈劍協調一致

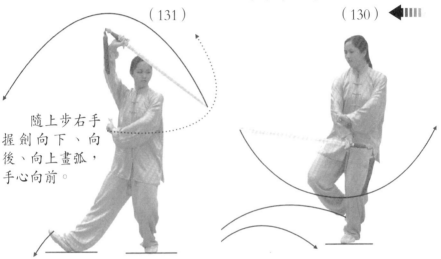

（131）

（130）

隨上步右手
握劍向下、向
後、向上畫弧，
手心向前。

（132）

【三十一、丁步點劍】

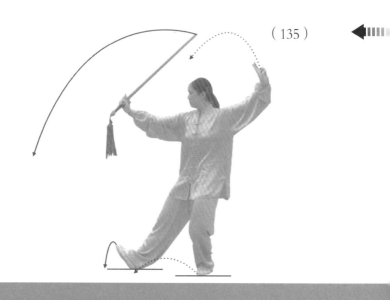

（135）

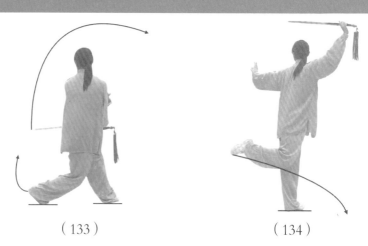

（133）

（134）

【三十、後舉腿架劍】

動作協調，獨立平穩

（134）　　　　　（133）

（135）

【三十二、馬步推劍】

（138）

右手握劍，立劍向前，平推發力。

（137）

右腳後撤半步，隨即左腳前掌著地，回拖半步成虛步狀，右手握劍立劍，抱於右腰側。

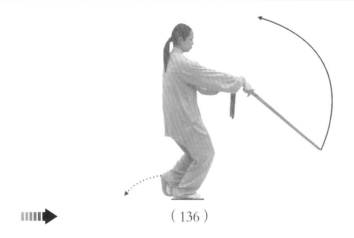

（136）

（136）

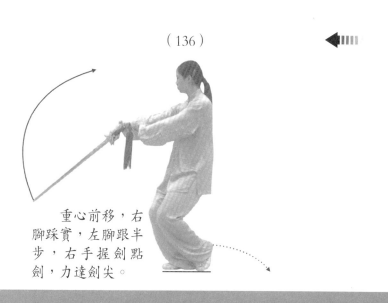

重心前移，右
腳踩實，左腳跟半
步，右手握劍點
劍，力達劍尖。

（137）

（138）

（142）　　　　　　　　　　（141）

以左腳跟、右腳掌爲軸碾轉，身體向右轉180°，右手握劍，劍柄領先，向右後方畫弧後，帶至右肩前上方。

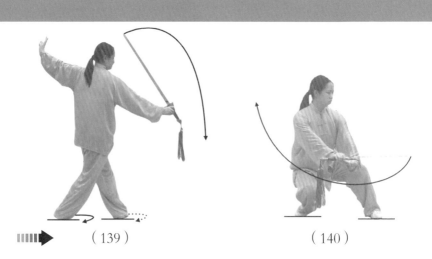

（139）　　　　　　　　　　（140）

【三十三、獨立上托劍】

（140）　　　　　　　　　　　　（139）

右手握劍成平
劍，手心向下。

右腳向左
後方落腳，身
體向右轉。

兩腿屈膝
下蹲

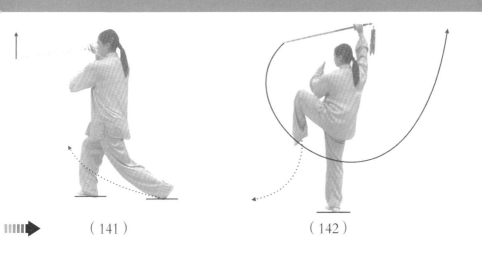

（141）　　　　　　　　　　　　（142）

【三十四、進步掛劍前點】

掛劍貼身，身劍協調

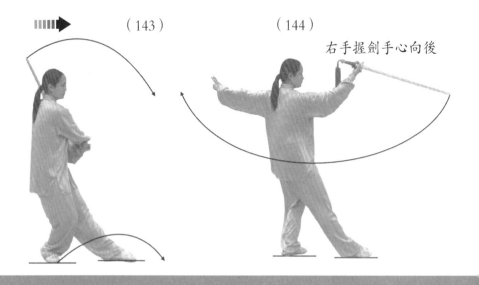

（143）　　　　　（144）

右手握劍手心向後

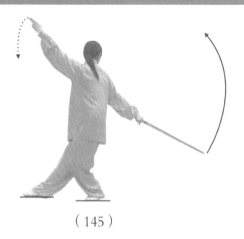

（145）

（145）

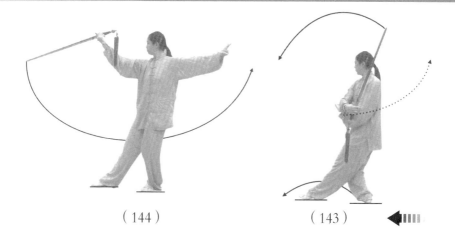

（144） （143）

（146）

右手握劍，手心向後。

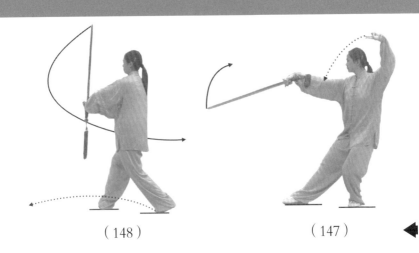

（148）　　　　　　　（147）

【三十五、歇步崩劍】

沉腕崩劍，力達劍鋒

（147）

（148）

　　左腳先上步，右腳隨即上步成右虛步，同時右手握劍，向下點劍。

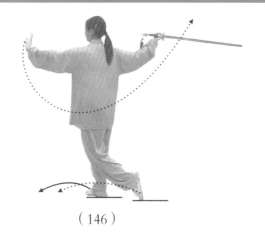

（146）

（149）

左腳落地成右弓步，右手握劍向下、向右弧畫，手心向後。

（151）　　　　　　（150）

（150）

（151）

右手握劍，
立劍回崩。

隨左腳退
步，右手旋外，
手心向前。

（149）

【三十六、弓步反刺】

身劍協調，力達劍尖

（152）

右腳支撐，左腳提膝。

（153）

（153）

左腳落地成弓步

（152）

【三十七、轉身下刺】

身體右轉約 180°，轉動圓活，立身中正

（154）

右手握劍，
劍柄領先回帶。

重心後移

左腳尖翹起

（155）

身體右轉，
左腳支撐；右腳
提膝，右手握劍
帶至腹前。

（157）

（156）

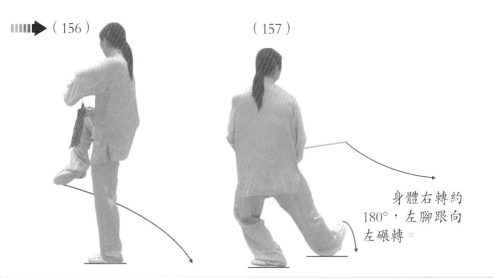

(156)　　　　　　(157)

身體右轉約
180°，左腳跟向
左碾轉。

(155)

(154)

【三十八、提膝提劍】

（158）

右手握劍，
向前下方刺劍，
手心向上。

右腳前屈成弓步

（159）

右手握劍，
劍柄領先，向左
回帶。

重心後移

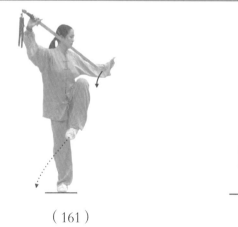

（161）

（160）

（160）

（161）

右手握劍，
劍柄領先，向上
向右畫弧提劍。

（159）

（158）

【三十九、行步穿刺】

步法沉穩，身劍協調

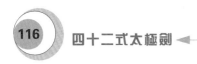

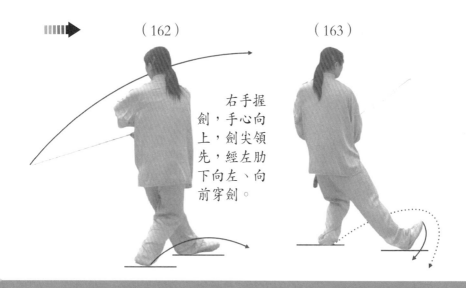

（162）　　　　　　　　（163）

右手握劍，手心向上，劍尖領先，經左肋下向左、向前穿劍。

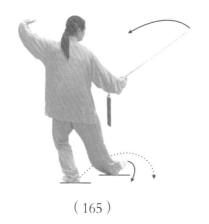

（165）

（164）

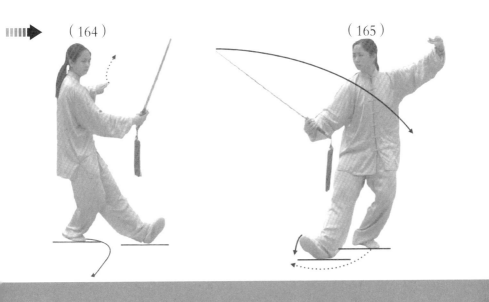

（164）　（165）

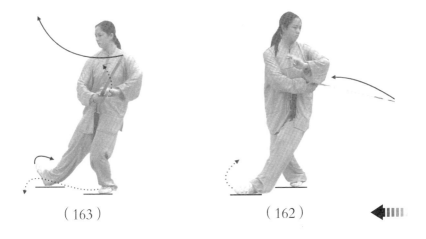

（163）　（162）

（166）

隨左腳上步內
扣，右手握劍，向
左斜下方帶劍。

（167）

（169）

（168）

【四十、擺腿架劍】

擺腿在前，雲劍稍後，上下協調

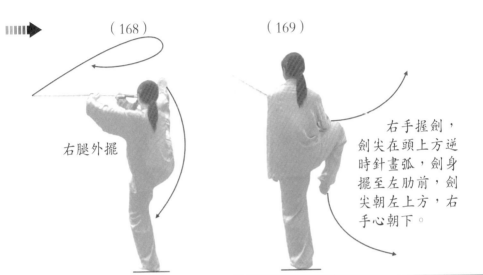

（168）　　　　　（169）

右腿外擺

右手握劍，
劍尖在頭上方逆
時針畫弧，劍身
擺至左肋前，劍
尖朝左上方，右
手心朝下。

（167）

（166）

（170）

右手握劍，經
前向右抹劍，隨後
架於頭上方。

（171）

（173）

（172）

【四十一、弓步直刺】

呼氣直立，心靜體鬆

（172）　　　　　　　　　　（173）

右手握劍，立劍
直刺，右手心向左，
左手附於右腕內側。

左腳向前上步

（171）　　　　　　　　　（170）　　◄

【四十二、收 勢】

（174）

（175）

兩手心相對，
準備接劍。

重心後移

左手接劍，
向左下方畫弧。

（178）

（177）

（176）

（176） （177） （178）

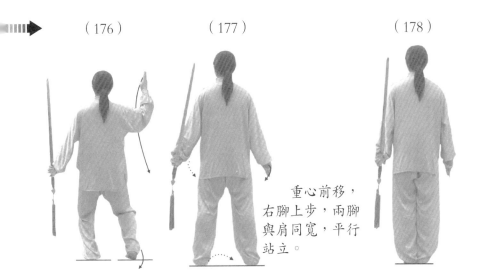

重心前移，
右腳上步，兩腳
與肩同寬，平行
站立。

（175） （174）

主 編 簡 介

　　溫力，男，河北省蠡縣人，漢族，1943 年 11 月生。1967 年畢業於武漢體育學院，1981 年武漢體育學院研究生畢業留校任教。現任武漢體育學院武術系教授。1985 年獲教育學碩士學位，是中國第一批獲得碩士學位的武術專業工作者之一。自幼隨父母（中國著名的武術界前輩）溫敬銘、劉玉華兩位教授學習武術，有堅實的武術技術和理論基礎。多年來從事武術教學工作，對武術基礎理論有較深入的研究，多次擔任國內外重大比賽的武術裁判。

導引養生功 系列叢書

張廣德養生著作

每冊定價 350 元

全系列為彩色圖解附教學光碟

彩色圖解太極武術

1 太極功夫扇

定價220元

2 武當太極劍

定價220元

3 楊式太極劍

定價220元

4 楊式太極刀

定價220元

5 二十四式太極拳＋VCD

定價350元

6 三十二式太極劍＋VCD

定價350元

7 四十二式太極劍＋VCD

定價350元

8 四十二式太極拳＋VCD

定價350元

9 楊式十八式太極劍

定價350元

10 楊氏二十八式太極拳＋VCD

定價350元

11 楊式太極拳四十式＋VCD

定價350元

12 陳式太極拳五十六式＋VCD

定價350元

13 吳式太極拳五十六式＋VCD

定價350元

14 精簡陳式太極拳八式十六式

定價220元

15 精簡吳式太極拳三十六式拳架・推手

定價220元

16 夕陽美功夫扇

定價220元

17 綜合四十八式太極拳＋VCD

定價350元

18 三十二式太極拳 四段

定價220元

19 楊式三十七式太極拳＋VCD

定價350元

20 楊氏五十一式太極劍＋VCD

定價350元

養生保健 古今養生保健法 强身健體增加身體免疫力

2 醫療養生氣功
定價250元

中國氣功圖譜
定價250元

3 少林醫療氣功精粹
定價250元

4 龍形實用氣功
定價220元

5 魚戲增視強身氣功
定價220元

7 道家玄牝氣功
定價200元

仙家秘傳祛病功
定價160元

9 少林十大健身功
定價180元

10 中國自控氣功
定價250元

11 醫療防癌氣功
定價250元

12 醫療強身氣功
定價250元

13 醫療點穴氣功
定價250元

中國八卦如意功
定價180元

15 正宗馬禮堂養氣功
定價420元

16 秘傳道家筋經內丹功
定價300元

17 三元開慧功
定價250元

18 防癌治癌新氣功
定價180元

19 禪定與佛家氣功修煉
定價200元

顛倒之術
定價360元

21 簡明氣功辭典
定價360元

22 八卦三合功
定價230元

23 朱砂掌健身養生功
定價250元

24 抗老功
定價230元

25 意氣按穴排濁自療法
定價250元

健身祛病小功法
定價200元

28 張氏太極混元功
定價250元

29 中國璇密功
定價250元

30 中國少林禪密功
定價200元

31 郭林新氣功
定價400元

32 八卦之源與健身養生
定價280元

現代原始氣功
定價400元

34 養生開脈太極
定價300元

國家圖書館出版品預行編目資料

四十二式太極劍（附 VCD）／王　飛　編著
　　　──初版，──臺北市，大展，2007〔民 96〕
　　　面；21 公分，──（輕鬆學武術；5）
　　　ISBN　978-957-468-559-2（平裝附影音光碟）

1. 劍術
528.975　　　　　　　　　　　　　　　96012785

四十二式太極劍（附 VCD）

編　　著／王　飛　　　　　ISBN　978-957-468-559-2
責任編輯／蔡榮春
發 行 人／蔡森明
出 版 者／大展出版社有限公司
社　　址／台北市北投區（石牌）致遠一路 2 段 12 巷 1 號
電　　話／（02）28236031・28236033・28233123
傳　　眞／（02）28272069
郵政劃撥／01669551
網　　址／www.dah-jaan.com.tw
E‑mail ／service@dah-jaan.com.tw
登 記 證／局版臺業字第 2171 號
承 印 者／高星印刷品行
裝　　訂／建鑫裝訂有限公司
排 版 者／弘益電腦排版有限公司
授 權 者／湖北科學技術出版社
初版 1 刷／2007 年（民 96 年）9 月

定　價／250 元

大展好書　好書大展
品嘗好書　冠群可期